RAZAS DE CABALLOS FAVORITOS

CABALLOS PAINT AMERICANOS

por Cari Meister

AMICUS | AMICUS INK

Amicus High Interest y Amicus Ink están publicados por Amicus
P.O. Box 1329, Mankato, MN 56002
www.amicuspublishing.us

Información del catálogo de publicaciones de la biblioteca del congreso
Names: Meister, Cari, author.
Title: Caballos Paint Americanos / by Cari Meister.
Other titles: American paint horses. Spanish
Description: Mankato, Minnesota : Amicus, [2019] | Series: Razas de caballos favoritos | Audience: K to Grade 3. | Includes index.
Identifiers: LCCN 2018002386 | ISBN 9781681516103 (library binding)
Subjects: LCSH: American paint horse--Juvenile literature. | Horse breeds--Juvenile literature.
Classification: LCC SF293.A47 M4518 2019 | DDC 636.1/3--dc23
LC record available at https://lccn.loc.gov/2018002386

Créditos de imágenes: Juniors Bildarchiv GmbH/Alamy Stock Photo cubierta, 2, 24; Diane Garcia/Shutterstock 5; Mary Evans/Iberfoto 6–7; Karl Bodmer/WikiCommons 9; Iuliia Khabibullina/Shutterstock 10–11; Juniors Bildarchiv/Age Fotostock 13; Juniors Bildarchiv GmbH/Alamy Stock Photo 14–15; American Paint Horse Association/Paint Horse Journal 16–17; Carson Ganci/Getty 18–19; Loshadenok/Dreamstime 21; Mark J. Barrett/Alamy Stock Photo 22

Editora: Wendy Dieker
Diseñador: Veronica Scott
Investigación fotográfica: Holly Young

Impreso en China

HC 10 9 8 7 6 5 4 3 2 1

TABLA DE CONTENIDO

RÁPIDO Y LLAMATIVO

Un caballo corre en una carrera de barriles. Es fuerte. Es rápido. Es llamativo. Tiene marcas audaces y movimientos audaces. Es un caballo paint americano.

RAÍCES ESPAÑOLAS

Los exploradores españoles trajeron caballos paint a América en barcos. Estos caballos se mezclaron con caballos salvajes. Se mezclaron con otros caballos, también.

VALIENTE Y AUDAZ

Los nativos americanos amaban los caballos paint. Les gustaba cómo se los veían las pinturas. Pero lo más importante, los caballos paint americanos eran valientes. Eran buenos en la batalla.

UN CABALLO PAINT AMERICANO ES UN PINTO

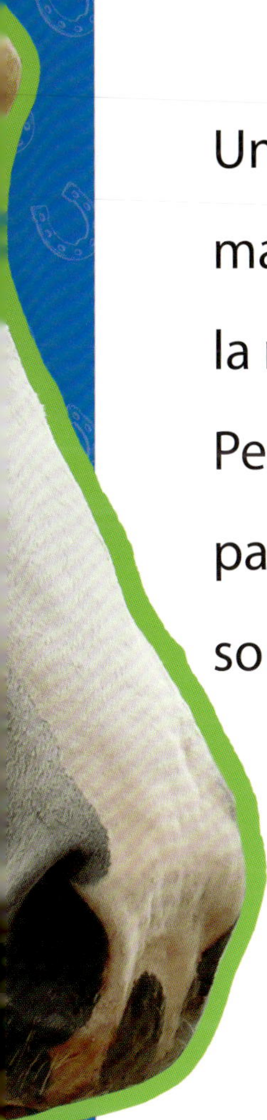

Un pinto es todo caballo con manchas. Casi todos los caballos de la raza paint americano son pintos. Pero pinto no es una raza. Pinto es un patrón de color. No todos los pintos son caballos paint americanos.

¿Sabías?

Los caballos de pintura pueden tener una capa de un solo color, pero no muchos la tienen.

PATRONES DE MANCHAS

Los caballos paint americanos tienen tres patrones de manchas principales. Este **tobiano** tiene marcas blancas que tienden a ir del lomo a sus patas. Las marcas de un **overo** usualmente corren a lo largo de los costados del caballo. Un **tovero** es una mezcla de los otros dos patrones.

POTROS

Los **potros** de pintura nacen con sus marcas. A veces coinciden con sus padres. Como todos los potros, los potros paint americanos tienen patas largas. Son casi tan largas como las patas de un caballo adulto.

FUERTE Y RÁPIDO

Los caballos Paint tienen pechos gruesos. Tienen patas fuertes. Pueden girar rápidamente. Se desempeñan bien en eventos de **rodeo**. Siguen las órdenes del jinete.

¿Sabías?

Los caballos paint son buenos para los eventos de riendas. Se detienen rápidamente, caminan hacia atrás y giran.

INTELIGENTE Y SERVICIAL

Los caballos paint americanos son inteligentes. Aprenden rápido. Son de gran ayuda en un rancho. Ayudan a los rancheros a arrear el ganado. Un caballo paint entrenado sabe lo que debe hacer.

CALMO Y DISPUESTO

Los caballos paint americanos son calmados. No se asustan fácilmente. Son fáciles de montar en un sendero. Están dispuestos a obedecer a sus jinetes. Es muy fácil querer a los caballos paint americanos.

¿CÓMO SABES QUE ES UN CABALLO PAINT AMERICANO?

PALABRAS QUE DEBES CONOCER

overo – un patrón de marcas que tiende a ser más horizontal; los overos suelen tener patas oscuras, cola de un color y ojos azules.

pinto – cualquier caballo que tenga marcas de color; puede ser de cualquier raza.

potro – un caballo bebé.

riendas – un evento de rodeo del oeste, donde se juzga a los caballos de acuerdo a cómo se mueven, giran y se detienen.

rodeo – una competencia de caballos del oeste, donde jinetes y caballos muestran sus habilidades para el manejo del ganado.

tobiano – un patrón de marcas que tiende a ser vertical; los tobianos usualmente tienen patas blancas, cara oscura y colas de dos colores.

tovero – un patrón de marcas que es una mezcla de tobiano y overo.

ÍNDICE